CATALOGUE

D'UNE

COLLECTION

D'ESTAMPES ANCIENNES,

GRAVÉES A L'EAU-FORTE PAR DES PEINTRES, ET AU BURIN
PAR DES GRAVEURS DES ÉCOLES D'ITALIE, D'ALLEMAGNE,
DES PAYS-BAS ET DE FRANCE,

Provenant du Cabinet de feu M. DE B*** d'Arras,

Dont la Vente se fera les lundi 6 et mardi 7 avril,
à six heures du soir,

HOTEL DES VENTES,

PLACE DE LA BOURSE, N° 2, SALLE N° 3,

Par le ministère de Me PETIT, Commissaire-Priseur,
Boulevart Poissonnière, n° 14.

———

Exposition publique le matin de chaque vacation,
de midi à trois heures.

———

SE DISTRIBUE A PARIS,

Chez DEFER, Marchand d'Estampes, Expert de la Compagnie
des Commissaires-Priseurs, quai Voltaire, n° 19.

———

1835.

VINCKON, fils et successeur de M⸌ᵉ⸍ V⸌ᵉ⸍ BALLARD, imprimeur, rue J.-J. Rousseau, n° 8, à Paris.

NOTICE
D'UNE
COLLECTION D'ESTAMPES
ANCIENNES, ETC.

ANONYMES

Ou Maîtres anciens dont les noms, cachés sous l'emblême d'un monogramme, sont restés inconnus.

HR. P. (*Le Maître au monogramme*) inconnu à Bartsch.

1 — Rinceaux d'ornemens où figurent différens animaux; à gauche la marque du maître. Deux pièces.

2 — Chapiteaux d'ordre composite et corinthien, par un ancien graveur florentin inconnu à *Bartsch*. Trois pièces, une est double.

3 — Christ en croix, mon.^{me} I. C. gothique; la Résurrection, mon.^{me} I.D. gothiques. Deux pièces gravées en bois, rares.

4 Anciens ornemens pour la damasquinure, gravés par des maîtres italiens, allemands et français, quelques-uns dans le goût des Nielles. Dix-neuf pièces sur deux feuilles.

5 — Sujets du Nouveau Testament, représentés dans des niches entourées d'ornemens et gravés en bois par le Maître au monogramme F.V. Dix pièces.

6 — Triomphe de Saints martyrs; cinq de ces sujets entourés d'une bordure arabesque. Six pièces gravées en bois par le Maître au monogramme L.

7 — Huit feuilles contenant trente sujets gravés en bois pour la *Chronique de Nuremberg*, par un Maître anonyme de la fin du 15ᵉ siècle.

8 Neuf pièces, Sujets pieux pour des heures et rituel, et Costumes, gravées en bois par des anonymes allemands et français. Neuf pièces.

I F. (Le Maître au monogramme) *Bartsch*, vol. 15, page 435.

9 Bacchus accompagné de gens de sa suite (7). Pièce sans marque, de forme octogone.

Le Maître à la chausse-trape, *Bartsch*, vol. 15, page 540.

10 Chapiteaux ionique et composite, ces deux morceaux inconnus à Bartsch. Un double du premier. — Plus, chapiteaux de différens ordres d'architecture, par un maître inconnu. Quatre pièces.

11 — Les travaux d'Hercule. Suite de douze pièces gravées en bois par le Maître au monogramme indiqué par *Bartsch*, vol. 9, pag. 160 ; au bas de chacune de ces pièces quatre vers français, et à la dernière n. 12, A PARIS, par *Denys de Mathonière, Rue Montorgueil, à la Corne de Daim*. Manquent les n. 3 et 4.

ALDEGREVER (HENRI).

12 — Adam (11) ; Histoire de Joseph (18, 19, 20) ; trois Sujets de la suite d'Ammon et de Thamar (23, 24, 27) ; Rhéa Sylvia (66) ; les Vertus (117, 118) ; les Vices (130) ; le Souvenir de la mort (134) ; les Danseurs de Noces (159, 169) ; Rinceaux d'ornemens (214 et 244) : En tout 16 pièces, belles épreuves ; plus une copie.

ALMÉLOVEEN (JEAN).

13 — Vues de Villages hollandais (n. 1 à 4, 8, 9, 10, 12). Huit petites pièces grav. d'ap. Herman Saft-Leven.

ANDROUET DU CERCEAU (JACOB).

14 — Ornemens arabesques. Quarante-une petites pièces y

compris le titre portant: JACOBUS ANDROYETIS DV CER-
CEAV LECTORIBUS S. 1550.

AUDRAN (Girard).

15 — Bataille d'Alexandre, Triomphe de Constantin et Défaite de Maxence, d'apr. Ch. Lebrun, par G. Audran et G. Edelinck; plus, la Défaite de Porus, dessinée et gravée par B. Picart. En tout huit grandes pièces, belles épr. avec le nom de *Goyton*, imprimeur, avec toutes marges.

BÉATRIZET ou BEATRICIUS (Nicolas).

16 — Laocoon, soldats romains combattant contre les Daces, le Nil, le Tibre, l'Océan, Rome triomphante; ces différentes pièces d'après des statues et bas-reliefs antiques. Belles épr.; 6 pièces.

17 — Mort de Méléagre, d'apr. une composition attribuée à *Perino del Vaga*; Triomphe de l'empereur Marc-Aurèle, statue de Laocoon, combat des Amazones, morceau de deux feuilles; ces trois pièces d'apr. l'antique; belles épreuves. 4 pièces.

BEHAM (Barthelemy).

18 — Combat d'hommes nuds (16 et 17), enfant dormant sur une tête de mort (31), l'avare (38), le hallebardier à cheval (49). 5 pièces.

BEHAM (Hans-Sebald).

19 — Adam (1), Eve (4), Adam et Eve (6), Adam et Eve chassés du Paradis (7), les Noces de Cana (23), Jésus chez le Pharisien (25), la parabole de l'enfant prodigue (31, 32, 34), saint Philippe (47), saint Mathias (54), Cléopâtre (77), Lucrèce (79), combat de trois hommes (95), les Travaux d'Hercule, suite de douze pièces (96 à 107, manque le n. 104), la Prudence (130), la Patience (138), la Mort surprenant une femme endormie (146), figures de villageois (160, 162), Génies tenant des écussons d'armes (258 et 259); en tout 40 pièces, très-belles épreuves; de ce nombre, 10 son doubles. Cet article formera 2 lots.

BEGA (Corneille).

20 — Le paysan à la fenêtre (19), la mère (28), la mère au cabaret (31); la jeune cabaretière caressée (34), le cabaret (35); 5 pièces, anc. épr.

BELLA, ou Étienne DE LA BELLE (*Stephanus Della*).

21 — Vue perspective du Pont-Neuf de Paris.

22 — Le reposoir, différentes vues de Paris, décorations, catafalques, chasses, études d'animaux, divers embarquemens, ornemens, études de figures, caprices, jeu de cartes, etc. 104 pièces, par *de la Belle*, et d'apr. lui, par Colignon, Goyrand, etc.

BOL (Ferdinand).

23 — Le Sacrifice de Gédéon (2), et copie du n. 15; deux pièces.

BONASONE (Jules).

24 — Jésus-Christ au jardin des Olives, d'apr. le Titien (40); Jésus mis au tombeau, d'apr. le même (44); la Vierge assise dans le Ciel, d'apr. le Parmesan (62); Nymphes et Dieux marins, d'apr. J. Romain (173); l'Amour présente des épis à Cérès; Bacchus auquel un Amour présente à boire dans un vase; ces deux derniers morceaux (n. 2 et 3) des anonymes dans le goût de Bonasone; 6 pièces, anc. épr.

26 — Le Lever du Soleil JULIO BONASONE INVENTORE (99); épr. avant l'adresse de Rossi. Rare.

BOTH (Jean).

27 — Paysages, suite en largeur (5 à 10); les cinq Sens (1 à 5); ces derniers morceaux par André Both, 11 pièces.

BOURDON (Sébastien).

28 — Les Œuvres de Miséricordes, suite de 7 pièces numérotées en chiffres romains I à VII (2 à 8 du P. G. Franç.); prem. épr., avec l'adresse du faubourg Saint-Antoine.

29 — Le retour de Jacob (1); la Salutation angélique, 1ᵉʳ état

(9); la Visitation, 1ᵉʳ état (10); la Vierge à l'écuelle (12), deux épr., 1ᵉʳ et 2ᵉ état. — La Vierge au livre (14); la Vierge de 1649 (15); l'Enfant Jésus foulant au pied le péché (16); la Fuite en Égypte (17); deux épr., 1ᵉʳ et 2ᵉ état. — Fuite en Égypte 2ᵉ état (18); la Vierge à la terrasse (20), 1ᵉʳ état. — La Vierge à l'oiseau, 1ᵉʳ état (21); le songe de saint Joseph (22); deux épr. 1ᵉʳ et 2ᵉ état. — Fuite en Égypte (2, 3 à 25), 1ᵉʳ et 2ᵉ état de chaque. — Fuite en Égypte (26); Retour d'Égypte (27), 1ᵉʳ et 2ᵉ état. — Sainte Famille au lavoir (29), 2ᵉ état. — Le Baptême de l'Eunuque (30); les Pauvres en repos (31); l'Enfant qui boit (32); paysages (1, 3, 4, 5, 9, 11); en tout 32 pièces.

BOUT ou BAUT (Pierre).

50 — Les Marchandes de Poisson; à la gauche du bas, on lit: *Petrus Baut invenit*; et à droite, *Mar. venden enden excudit* (n. 1); les Patineurs (2); les Chasseurs (4); la Jetée (5); ce dernier morceau très-rare. 4 pièces.

BRESSE (Jean-Antoine de).

51 — Des Soldats portant des trophées (9), d'apr. Mantegna.

CABEL (Adrien Van der).

52 — Frontispice au terme de Pan (1); épr. av. l. l. — La Baigneuse (2), double av. et avec le nᵒ; plusieurs paysages avec figures (n. 9, 12, 17, 20, 21, 24, 26, 27 double, 30, 37, 44 double avec différence, 49); et saint Jérôme (51); en tout 17 pièces; anc. épr.

CALLOT (Jacques).

53 — Les Gueux, suite de 25 pièces. — Le Parterre de Nancy, le Jeu de Boule, les Mesureurs de grains, Saint Nicolas, Saint Mansuet, les Bohémiens, les Entrées, d'apr. *Parigi*, les Pantalons, Louis de Lorraine, F. de Médicis, le Massacre des Innocens, sujet de l'Ancien-Testament; exercice militaire; Caprices, Voyage de la Terre-Sainte, suite de 48 pièces, compris le titre. Ces différens sujets composés et gravés

l'eau-forte et au burin, par S. Callot. 124 pièces; de ce nombre quelques copies. Cet article sera divisé.

55 — Les Misères de la guerre, suite de 18 estampes; le Jeu de boule, Saint Pierre, titres de livres, etc., etc. 23 pièces.

56 — Les Supplices, très-belle épr.

CANTA GALLINA (REMY).

57 — Différentes décorations pour les fêtes données à l'occasion des noces de Côme de Médicis avec Marie-Madeleine d'Autriche, en 1608; suite de 26 pièces, grav. d'apr. *J. Parigi*. Manque deux pièces à cette suite.

CANTARINI, dit LE PESARÈSE (SIMON).

58 — Adam et Eve (1); Fuite en Egypte (2, 5, 6, 7); Sainte Famille (11); sujets de Vierges (15, 17, 18); le Quos-Ego (29); l'Enlèvement d'Europe (30); Saint Benoît, d'après Louis Carrache (27); épr. avant l'adresse de Rossi. 14 pièces, dont deux copies.

CARAGLIO (JEAN-JACQUES).

59 — Les Divinités de la fable (24 à 43); suite complète de vingt pièces, d'apr. les dessins de *Maître Roux*; épr. de l'édition de Rossi.

CARRACHE (LOUIS et ANNIBAL, les).

40 — La Vierge de l'an 1604 et une contre-épreuve (3), Saint Michel (12), Saint Jérôme (14), Saint François d'Assise (15); ces trois dernières par Annibal : en tout, 11 pièces par et d'ap. Louis et Annibal Carrache.

41 — La Soucoupe (18), Igravée par Annibal Carrache; pièce rare.

CARRACHE (AUGUSTIN).

42 — Rachel (2), la Samaritaine (26), sujets de Vierges (31, 32, 34, 39), Saint François (67, 68), Saint Jérôme (74), Sainte Madeleine (82), la Vierge, Saint Jérôme et la Madeleine (95), Sainte-Famille avec Sainte Catherine (96), le Mariage de Sainte Catherine (97), le Corps mort de Jésus-Christ (102);

14 pièces gravées par Augustin Carrache, une seule, le n. 31, à l'eau-forte, les autres au burin. Plusieurs de ces compositions d'ap. le Baroche, Ligozzi, Vanni, le Corrège et P. Véronèse, plus quatre copies : en tout, 18 pièces.

43 — Un Satyre regardant une femme endormie (112); Mercure et les Grâces (117), Mars renvoyé par Minerve (118), d'ap. le Tintoret; les Deux scènes de théâtre (121-122), Orphée (123), les trois Grâces (130), Cartouche (159), quatre portraits pour l'histoire de Crémone, par *Ant. Campi* (225 à 228); du livre de dessin (15-16); 16 pièces dont deux copies.

CASTIGLIONE, dit BENEDETTE (JEAN-FRANÇOIS).

44 — Les Équipages de Jacob, Tobie, la Crèche, Diogène, la Mélancolie, le Génie de B. de Castiglione, Pan assis près d'un vase, le jeune Pâtre; etc. 10 pièces dont deux d'ap. lui, une Joseph Vanloo.

COURTOIS, dit LE BOURGUIGNON (JACQUES).

45 — Différens combats (9, 11 et 12, du P. G. F.); deux pièces pour la guerre de Belgique, de *Strada*, pag. 362, 477 (14 et 15 du P. G. Français); la Présentation au Temple, d'apr. Paul Véronèse (2); cette dernière par *G. Courtois*; 6 pièces.

CORT (CORNEILLE).

46 — La Calomnie, d'ap. F. Zuccaro; la Justice et le Travail, d'ap. le même; Bataille des Éléphans, d'ap. Raphaël, etc. 4 pièces.

CHAPERON (NICOLAS).

47 — Les Loges de Raphaël au Vatican; 52 pièces et le titre ; prem. épr. avant les adresses de P. MARIETTE.
Vingt pièces de la même suite ; 14 av. les adresses.

CRANACH (LUCAS).

48 — Adam et Eve, Martyres des apôtres: 10 pièces gravées en tailles de bois; une est double ; plus deux pièces par Hans Burgmair.

DASSONVILLE (JACQUES).

49 — Bambochades dans le goût d'Ostade (n. 2, 3, 9, 15, 16, 26, 27 et 28 du P. G. F.); 9 pièces dont une double avec différence.

DÉ ou BEATRICIUS l'Ancien (Le Maître au).

80 — Cybèle sur son char, d'après J. Romain (18); Apollon poursuivant Daphné (21); les Fleuves consolant Penée de la perte de sa fille (22); sacrifice de Priape (27); le triomphe de Scipion (74), et copies des n°° 10 et 78; en tout 7 pièces.

81 — La Fable de Psyché, en 32 sujets, d'après Raphaël, par le Maître au Dé et Augustin Vénitien; épr. avant l'adresse d'Ant. Salamanque.

DEYSTER (LOUIS DE).

82 — L'Ange engage Agar à retourner vers sa maîtresse (2); Marie-Magdeleine (5); 2 pièces.

DIETRICH ou DIETRICY (CHRISTIAN-WILLIAM-ERNEST).

83 — Fuite en Égypte, paysage avec figures dans le goût de Poëlemburg; concert de villageois, etc. A ces morceaux, *Dietrich fec.*, et les dates de 1731 à 1756; 9 pièces, anc. ép.

84 — Les musiciens ambulans, le gagne-petit, le marchand de lunettes, cette dernière épr. d'eau-forte pure; 3 pièces.

DICK (ANTOINE VAN).

85 — Portraits d'Erasme, P. Breughel, Snellinx, Momper, Van Noort, F. Franck, J. Breughel, Suttermans, Vorsterman, P. Dupont, G. de Vos, Snyders et A. Van Dick; ces treize portraits gravés à l'eau-forte par Van Dick; les trois derniers terminés par Bolswert et Jacques de Neefs.

86 — Onze des portraits précédens, gravés à l'eau-forte par Van Dick; trois sont terminés par Bolswert et J. de Neefs.

87 — Portraits de peintres et autres personnages célèbres, gravés d'ap. A. Van Dick, par Bolswert, Pontius, L. Vosterman, P. de Jode, C. Galle et autres; 97 pièces, quelques-

unes prem. épr., avec l'adresse de *Mart. venden enden*. Cet article sera divisé.

DUGHET, dit GUASPRE POUSSIN (Gaspard).

58 — Sites agrestes, suite de quatre estampes de forme ronde (n°s 1 à 4); sites des Campagnes de Rome, suite de quatre estampes en largeur (n°s 5 à 8); ces quatre dernières prem. épr., avant l'adresse de *Mauperché*, et avec toute leur marge; 8 pièces.

DURER (Albert).

59 — L'Enfant prodigue (28), la Vierge au singe (42), Sainte-Famille au papillon (44), le ravissement d'une jeune femme (72), l'effet de la jalousie (73), la mélancolie (74), le chevalier de la mort (98), original et copie; en tout 9 estampes. Cet article sera divisé.

60 — La vie de la Vierge (les n°s 76, 81, 83, 84, 92), 5 pièces gravées en bois, anc. épr.; plus, Frédéric, électeur de Saxe, copie du n° 104.

DUVET (Jean).

61 — Jean Duvet assis à une table, occupé de l'étude du sens de l'Apocalypse. Près de lui, à sa gauche, une tablette contenant ces mots: IOU. DVVET AVRIFAU. LINGON. ANOR. 70 HAS HIST. PERFECIT 1555. (B. 12). Très-belle épr.

DUSSART (Corneille).

62 — La ventouse (12), le chirurgien de village (13), le cordonnier renommé (14), le violon assis (15), la fête de village (16); cinq pièces.

EDELINCK (Gérard).

63 — Portrait de Nicolas Vérien, graveur; prem. épr. avant le nom d'Edelinck.

EVERDINGEN (Albert van).

64 — Le Porcher (n. 8); différentes suites de paysages n. 11, 13, 14, 16, 20, 21, 24, 27, 30 à 32, 33, 35, 36, 43, 44 double,

47, 48, 50, 51, 52, 59, 62, 64, 65, 69, 72, 75, 77, 78, 79, 82 à 85, 87 à 90, 92 à 94. Quarante-cinq pièces, anc. épr.

65 — Cinquante-sept estampes pour la fable du *Reynier, le Renard*; suite sans numéro; pour un ancien fameux poëme allemand de Henri d'Alkmaer. Rare à trouver.

FIQUET (Etienne).

66 — Les Portraits de Lafontaine et Regnard d'apr. H. Rigaud; de J.-B. Rousseau, d'ap. Aved; de Montaigne, d'ap. Dumoustier; de Voltaire, d'ap. de la Tour Six pièces, belles épreuves, y compris un double du portrait de Lafontaine.

FLAMEN (Albert).

67 — Poissons de mer (5 à 7), Oiseaux (4 et 6); différentes Vues des environs de Paris, 18 pièces; Emblèmes et Devises d'amour, *Louis Boisseuin excud.*, 1653, 51 pièces. En tout soixante-treize pièces.

GELÉE, dit LE LORRAIN (Claude).

68 — Suite de douze Paysages et Marines numérotés à la gauche de l'estampe de 1 à 12 (et n. 5 à 16 du P. G. F.). Manquent à cette suite les n°s 4, 6 et 11, ou n. 8, 10 et 15 du P. G. F. Neuf pièces, anc. épr.

69 — Le Temps et les Saisons (20); Berger et Bergère conversant (21); Enlèvement d'Europe (22); Campo Vaccino (23); les quatre Chèvres (27). Cinq pièces, anc. épr.

70 — Le Troupeau à l'abreuvoir (4); Mercure et Argus (17), épr. avant la retouche premier état; le Chevrier (19); le Troupeau en marche (18); les Chèvres (27); la Tempête (5). Six pièces, anc. épr.

GÉRARD ou GUERARDS (Marc).

71 — Les Fables d'Esope, cent vingt-trois estampes, titre compris, dessinées et grav. à l'eau forte. Un vol. in-4° obl. rel. en parch. Suite très rare.

GHISI, dit MANTUAN (George).

72 — Tarquin et Lucrèce (27); Hercule (41); la Perfidie de Sinon, d'ap. J.B. Mantuan (28). Trois pièces, anc épr.

73 — Le Cimetière (71), d'après J. B. Mantuan; Hercule debout (41). Deux pièces, très belles épreuves.

GRONSVELT (Jean).

74 — Différens ports de mer asiatiques. Suite de 12 sujets numérotés 1 à 12, au n. 1 : ALIQUI PORTUS. *J. Lingelbagh in J. Gronsvelt fec. et ex.* Suite rare.

HECKE (Jean van der).

75 — Différens animaux. Suite de douze estampes (1 à 12); au titre : D. I. PAULO IORDANO *Braccini Duci. Joànnes van den Hecke* 1656. Anc. épr.

HOLBEIN (Hans ou Jean).

76 — Douze sujets de l'Ancien-Testament; quatre autres de la Danse de la Mort; seize petites pièces grav. en bois.

HOPFER (Daniel et Jérome) (les).

77 — Un Crucifix placé dans une niche d'architecture (14); Jésus-Christ paraissant dans sa gloire pour juger les vivans et les morts (15); Saints et Saintes dans des stalles gothiques (19); Fête de village (42); Costumes militaires allemands (66); Dessins d'ornemens (97, 98, 109, 132). — Par *Jérôme Hopfer:* Satyre jouant de la flûte, copie d'*Albert Durer* (33); deux Portraits de Jules II (54, 55); Danse de trois faunes et trois bacchantes, copie d'*Augustin Vénitien* (29); Dessins de Vases (67, 70). En tout seize pièces.

78 — Proverbes de Salomon (30); Saint George (41); Soldats (62, 63, 67); Soldat allemand (87); Trophée d'armes (130); Léopold Dick (61), cette dernière par *J. Hopfer;* les portraits de Charles V et Ferdinand, son frère, par le maître au monogramme G B (*Bartsch. vol.* 8 *pag.* 533, *n.* 3); un Tribunal (1520), pièce grav. en bois par le maître au monogramme H W. (*Bartsch. vol.* 7 *pag.* 446, *n.* 2). En tout dix pièces.

HYRE (Laurent de la).

79 — Repos en Egypte (3 du P. G. F.); Sujets de Vierge (n. 4,

5 premier état, 6, 8 deuxième état); Christ en croix (10); Conversion de saint Paul (16); Bacchanales d'enfans (17, 19, 20); Narcisse (21); Diane (22); Sujets de la fable (23 et 25 premier état, et 26); Paysages (29 à 34). Vingt-une pièces.

HAEFTEN (Nicolas van).

80 — Le Grand fumeur (7); les Chanteurs (8); Buste de matelot ayant à son chapeau une pipe (n. 28 du catalogue Rigal, cette pièce n'ayant pas été décrite par Bartsch). Quatre pièces.

JONCKHEER (H. et J.).

81 — Différens Chiens; à la prem. : *Nicolas Visscher excudit* (2, 4, 7, 9, 10), ces deux derniers numéros marqués des lettres P V H F, et n. 1 et 2 de celles marquées *Jonckheer f.*, et n. 3 pièce sans marque. Huit estampes.

KLENGEL (Jean-Christian).

82 — Différens Paysages composés; Vues de Saxe; Etudes, petites figures, etc. Vingt-huit pièces.

LAER ou LAAR dit BAMBOCHE (Pierre).

83 — Différens Chevaux; suite de six Estampes (1 à 6); les Chèvres (5). Sept pièces belles épreuves.

LE BRUN (Charles).

84 — L'enfant Jésus (1); les quatre Heures du jour (4 à 7). Cinq pièces.

LIVENS (Jean).

85 — Différens Bustes d'hommes et Têtes de vieilles femmes (17, 22, 24, 28, 29, 30, 41, 42, 47); Daniel Heinsius (58); Vieillard à barbe blanche (66), et Nicolas l'Anier, d'après Livens, par Wosterman. En tout 14 pièces.

LOIR (Nicolas).

86 — Vénus et Adonis; Didon, Diane et Actéon; Apollon et Daphné; Bacchus et Ariane; l'enlèvement d'Europe; le Jugement de Pâris; Endymion et autres sujets mythologi-

ques, ornemens de plafonds, etc. A ces morceaux *N. Loir fecit.* Vingt-sept pièces.

LUCAS DE LEYDE.

87 — Le Péché d'Adam et Eve (n. 9); Caïn tuant Abel (13); Lamech et Caïn (14); Salomon adorant les idoles (30); Couronnement d'épines (69); la Vierge avec l'enfant Jésus, assise dans un paysage (84); Saint Pierre et Saint Paul (106); Vénus et l'Amour (138); un Homme et une femme assis dans une campagne (148). Neuf pièces, anc. épr.

88 — L'Adoration des mages, Adam et Eve, la Vierge assise dans un paysage, la petite Passion, la Sainte-Face, les Apôtres, etc., etc. Trente-six pièces, par *Lucas de Leyde.* De ce nombre onze sont copies.

LUTMA (Jean).

89 — Lutma père, titre : *Ianus Lutma Posteritati;* — Lutma fils, titre : *Ianus Lutma Batavus,* morceau daté de 1681. J. Vondelius. Ces trois portraits gravés au maillet. Pièces rares.

MARATTI (Charles).

90 — La Nativité de la Vierge (1), l'Annonciation (2), la Vierge et le petit Saint Jean (9), la Sainte Vierge et la Magdeleine (6). Quatre pièces, la dernière avant la lettre.

MAUPERCHÉ (Henri).

91 — Histoire de Tobie (n. 2, 3, 6, 7 du P. G. F.), Parabole de l'Enfant prodigue (n. 13, 14, 15), la Présentation au temple (20), Pêche aux écrevisses (48), Suites de moyens Paysages (34 à 38 et 44). En tout seize pièces dont une double.

MECKEN (Israël de).

92 — Saint Christophe (90). Belle épreuve.

MONTAGNA (Benoît).

93 — Homme assis près d'un palmier (28).

MORIN (Jean).

94 — La Vierge et l'enfant Jésus, d'après le Titien; Saint Pierre, d'après Ph. de Champaigne; Portraits de René de Longueil, Nicolavs de Metz, d'après Ph. de Champaigne; Chr. de Thou, Franque, d'après ce maître; Ch. de Mallery, graveur, d'après A. Van-Dick; Paysages de forme ronde, etc.; onze pièces par Morin; plus Marines par M. Montaigne; cinq pièces: Seize estampes, belles épreuves.

MUSI, dit AUGUSTIN VÉNITIEN (di).

95 — La Manne d'après Raphaël (8), épr. avant l'adresse d'Ant. Salam; Académie de Baccio Bandinelli (418), chapiteaux d'ordre corinthien (533); trois pièces.

NANTEUIL (Robert).

96 — Le portrait de Jean Loret, poète français; *Nanteuil ad viuum del. et sculpebat*, 1658; belle épr.

NEUE (François de).

97 — Paysages avec figures (nos 5, 8, 11 et 12); 4 pièces.

OSTADE (Adrien Van).

98 — Divers sujets grotesques, bambochades, etc. (nos 3, 8, 10, 14, 17, 19, 20, 25, 29, 32, 34, 39 double, 40, 42); 15 pièces.

PENCZ (George).

99 — Abraham et Isaac (5), Job (7), Esther (8), Joseph descendu dans la citerne (10), Tobie devient aveugle (15), le jeune Tobie introduit l'ange auprès de son père (16), Loth et ses filles (20), Suzanne et les vieillards (27), la parabole du mauvais riche (65, 66), Médée et Jason (71), la mort de Lucrèce (79), le poète Virgile suspendu dans un panier (87), le jugement de Pâris (89), Diane au bain (91); triomphe de Bacchus (92), les Sept Péchés mortels (nos 98 à 104, manque 98); l'Ouïe (105), le Toucher (109), les sept Arts libéraux, suite de sept estampes (110 à 116); rinceaux d'ornements

(123); 33 pièces, très-belles épreuves; de ce nombre une double. 2 lots

PICART (BERNARD).

100 — Charles I.er, roi d'Angleterre, décapité à Whitehall, le 30 janvier 1649; Marie Stuart, reine d'Ecosse, décapitée le 8 février 1587, au château de Fotheringhey; deux lettres grises D. et H; 4 pièces dessinées et gravées par B. Picart en 1729 et 1730. Très-belles épreuves.

101 — Les Epithalames, les Cinq Sens, etc; 16 pièces dessinées et gravées par Bern. Picart; plusieurs doubles avec différences.

102 — Costumes hollandais, portrait de Boileau, le Temps qui enlève la Vérité, d'apr. le Poussin; différens sujets de la Fable, vignettes, titres de livres, lettres grises, etc., etc.; 57 pièces dessinées et gravées par Bernard Picart.

PODESTA (JEAN-ANDRÉ).

103 — Bacchanales (2 à 6 et 8), deux d'après le Titien, les autres sur les compositions de Podesta; 6 pièces.

POTTER (PAUL).

104 — Le taureau (1); épr. avec l'adresse de *Clément de Ionghe excud.*; différens chevaux, suite de 6 pièces, d'ap. Potter; à cette suite *ex formis N. Wisscher*.

PROCACCINO (CAMILLE).

105 — La Transfiguration (4), prem. épr., où la tête du Sauveur est à peine indiquée.

QUELLINUS (ERASME).

106 — Paysage où dansent des enfans au son d'une flûte dont joue un petit Satyre; au bas de l'estampe, E. *Quellinus F.* Pièce rare.

RAIMONDI (MARC-ANTOINE).

107 — Le Parnasse d'après Raphaël (247); Trajan entre la ville

de Rome et la Victoire (361), la chasse aux lions (416); ces deux pièces d'après l'antique.

108 — Pan et Syrinx d'ap. Raphaël; au bas de l'estampe, *Gio Marco Paluzzi Formis Romœ* (325); Mars, Vénus et l'Amour (345); plus la copie du n° 372; 3 pièces.

109 — Saint Pierre (125), saint Jean (128), saint Barthélemy (130), l'Ange gardien (140), sainte Lucie (179); sainte Pétronille (183); l'épreuve de cette dernière est avant le monogramme du maître; 6 pièces, anc. épr.

110 — Joseph et la femme de Putiphar (9), d'apr. Raphaël; belle épr.

111 — Trois de Muses (n. 266, 273 et 276); un Empereur assis (442), etc.; 6 pièces.

112 — Statue d'Apollon (120), le Jeune homme au brandon (360); 2 pièces, anc. épr.

REMBRANDT (VAN-RYN, dit).

113 — Portrait de Rembrandt (20), Joseph et Putiphar (39), Mardochée (40), épr. sur pap. du Japon; David priant Dieu (41), Tobie et l'Ange (43), l'Annonce au berger (44); 6 pièces, anc. épr.

114 — La Nativité (45), l'Adoration des bergers (46), Présentation au Temple (49), morceau rare; épr. du 3e état; même sujet (51), Fuite en Égypte (52), Repos en Égypte (57), la Vierge et l'Enfant-Jésus sur des nuages (61), la Sainte-Famille (63), Jésus au milieu des docteurs (66); 9 pièces, anc. épr.

115 — Le Denier de César (68), Vendeurs chassés du Temple (69), la Samaritaine (70), même sujet (71), Résurrection du Lazare (73), Jésus aux Olives (75), Jésus entre les deux larrons (79); 7 pièces, anc. épr.

116 — Descente de croix (81), Décollation de saint Jean (92), Martyre de saint Étienne (97), Baptême de l'ennuque (98), la Mort de la Vierge (99); 5 pièces, anc. épr.

117 — Saint Jérôme (102), Musiciens ambulans (119), le Vendeur de mort-au-rat (121); le Petit orfèvre (123), la Faiseuse

ORDRE DES VACATIONS.

Lundi 6,
- Nos 216, Portefeuilles.
- 217, division.
- 215, Dessins.
- 191 à 198, Portraits.
- 199 à 214, Recueils.
- 177 à 190, École Française.
- 161 à 176, Écoles Allemandes et des Pays-Bas.
- 1 à 51, divers Maîtres.

Mardi 7,
- 216, Portefeuilles.
- 217, division.
- 143 à 160, École d'Italie.
- 52 à 142, divers Maîtres.

Les numéros entre parenthèses sont ceux du peintre graveur par *Adam Bartsch*, pour les pièces des Maîtres des Écoles d'Italie, d'Allemagne et des Pays-Bas.

Et les numéros aux Maîtres français S. Bourdon, Lebrun, Cl. le Lorrain, La Hyre, Mauperché, sont ceux du peintre graveur français, par M. *Robert-Dumesnil*. Un vol. in-8° de 286 pages, 1re partie, contenant vingt-six Maîtres du 17e siècle. Paris, 1835, chez Gabriel Warrée, et les principaux marchands d'Estampes. Prix, 6 francs.

de koûk's (124), le Jeu du kolf (125), Synagogue des juifs (126), le Maître d'école (128); 8 pièces, anc. épr.

118 — Le Dessinateur (130), le Paysan avec femme et enfans (131), les Joueurs de cartes (136), le Vieillard à courte barbe (151), le Persan (152), la Femme à la callebasse (168), l'Homme qui pisse (190), la Femme qui pisse (191), épr. coupées; Figures académiques (194), les Baigneurs (195); 10 pièces, anc. épr.

119 — Les Baigneurs (195); Figures académiques (196), Femme nue (198); Homme avec chaîne et croix (261), Janus Silvius (266), Clément de Jonge (272); 6 pièces, anc. épr.

120 — Jean Lutma (276), Jean Asselin (277), Wtemborgardus (279), le grand Copenol (283), épr. de la pl. coupée; Vieillard à grande barbe et calotte (295), Homme à moustaches relevées et assis (321); 6 pièces, anc. épr.

121 — Doubles des n. 70, 99, 102, 195 et 276. 5 pièces anc. épr.

122 — Trente-deux pièces, d'après et à l'imitation de Rembrandt, par différens graveurs.

RENI (GUIDO).

123 — La Vierge avec l'Enfant-Jésus (2), Sainte Famille, 1re pl. (9), épr. avant le nom du maître.— L'Enfant-Jésus et saint Jean-Baptiste (12), même sujet (13), Sainte-Famille et sainte Claire (50), saint Roch distribuant son bien au pauvre (52), la Vierge et l'Enfant-Jésus (6), saint Michel (29), et différentes autres pièces de l'école du Guide. 12 estampes.

RIBERA, dit L'ESPAGNOLET (JOSEPH).

124 — Le Corps mort de Jésus-Christ (1), Saint Jérôme (4), le même (5), Saint Pierre (7), le Satyre fouetté (12), et différentes études, d'apr. Ribera; en tout dix-huit pièces.

RODETTA.

125 — L'Adoration des Mages (6). Une pièce.

ROOS (JEAN-HENRI).

126 — Différens Animaux (n. 11, 22, 23, 25, 29, 30). Six pièces,

ROGHMAN (ROLAND).

127 — Différentes Vues de Hollande (n. 3, 10 double, 15, 23), Vue d'Italie (26), les Bois de La Haye (n. 2, 3 et 5). Neuf pièces; belles épreuves.

RUISDAEL (JACQUES).

128 — Le Petit Pont (1), les deux Paysans et leurs Chiens (2), la Chaumière au-sommet d'une colline (3), copie des Voyageurs (4), et une pièce, d'apr. Ruisdaël. Cinq estampes; les trois prem. anc. épr.

SANUTI (JULES).

129 — Le mariage de la Vierge, d'apr. un dessin de Raphaël (n. 1).

SAVART (PIERRE).

130 — Montesquieu, Colbert, Boileau, Fénélon, le grand Condé, le Tasse, Montalembert, Rabelais, Bayle, Richelieu et Catinat; onze portraits, anc. épr.; les quatre derniers avant l. l. — Plus, Diane et Endymion, épr. av. l. l.

SCHONGAUER (MARTIN).

131 — Saint Jean l'évangéliste (55).

SILVESTRE (ISRAEL).

132 — Vues de Paris, de France, d'Italie et autres pays; 51 pièces.

STOOP (DIRK ou THIERRY).

133 — Suite de différens chevaux (1, 2, 5, 7, 8, 9, 10); 7 pièces, très belles épreuves, avec l'adresse de *Clément de Iongh excudit* et avant les numéros.

SWANEVELT, dit HERMAN D'ITALIE (HERMAN).

134 — Diverses vues de Rome (53 à 65, manque 59); histoire d'Abraham (66 à 69, manque 66); Paysage (77 à 80), Paysages dédiés aux vertueux (83 à 93); en tout, 31 pièces.

135 — Les Bœufs, les Béliers, les Chèvres, Fuite en Egypte, Tobie et l'Ange, Pan et Syrinx, Saint Paul et Saint Antoine, Paysages de diverses suites, Vues de l'Ile Louvier, de Gondy, du Palais d'Orléans, etc., à ces trois derniers morceaux *Israël Siluestre delin. et fec.* Suanevelt a seulement gravé le paysage; en tout 20 pièces, plusieurs avec l'adresse de *Bonnart*.

UDEN (LUCAS VAN).

136 Différens petits Paysages (n. 1, 8, 9, 19, 20, 26, 30, 31, 35); 9 pièces.

VLIET (JEAN-GEORGES VAN).

137 — Baptême de l'ennuque (12), les joueurs de cartes (51), Joueurs de Trictrac (4), différens Gueux et Mendians; suite de dix pièces (n. 73 à 82). Treize pièces; belles épreuves.

138 — Les cinq Sens (27 à 31), manque l'odorat. — Les Métiers (34, 36, 46 et 49), les Gueux, suite de dix pièces (n. 73 à 82), manquent les n. 73 et 78; en tout 16 pièces; anc. épr.

VELDE (ADRIEN VAN DE).

139 — Différens Animaux, suite de dix pièces (1 à 10).

WATERLO (ANTOINE).

140 — Différentes suites de Paysages ornés de figures; ce sont les n. 1, 3, 4, 5 et 6, 8, 9, 10, 11, 14, 15, 20, 22, 26, 32, 39, 40, 49, 50, 59, 64, 89, 90, 91, 94, 95, 96, 103, 122, 123. Quarante-deux pièces; de ce nombre, deux copies et dix doubles. Plusieurs de ces pièces sont anc. épr.

ZAGEL (MARTIN).

141 — Soldats (20), Lueur et Obscurité (21). Deux pièces.

ZEEMAN ou SEEMAN (REINIER NOOMS, dit).

142 — Recueils de plusieurs Navires et Paysages. — Différens vaisseaux d'Amsterdam. — Les Portes de la ville d'Amsterdam. — Divers Embarquemens et autres. Trente-une pièces de ces différentes suites; anc. épr.

ESTAMPES DIVERSES

Gravées à l'eau-forte et au burin, par et d'après des Maîtres des Écoles d'Italie, d'Allemagne, des Pays-Bas et de France.

ÉCOLE D'ITALIE.

143 — Ananie frappé de mort, d'apr. Raphaël; Persée, d'apr. Marco Pino di Siena, Martyre de saint Pierre et saint Paul, d'apr. le Parmesan; la Paix et l'Abondance, d'apr. Le Guide. Ces quatre morceaux en camaïeux, par Hugo da Carpi, Antoine de Trente et Coriolano. — Saint Paul, par Lucas Gangiage. Cinq pièces.

144 — Le Jugement dernier, d'apr. Michel-Ange, par Martin Rota; Hercule étouffant Anthée, par Jean de Bresse, d'apr. Manteigne. Deux pièces.

145 — Groupe tiré du Jugement dernier, de Michel-Ange; assemblée d'hommes et de femmes, d'après le Primatice; la Gloire, d'après le maître Roux, etc., etc.; 5 pièces de l'école de Fontainebleau, par Dominique del Barbiere et autres.

146 — Les deux armées rangées en bataille (415), copie par Augustin Vénitien, en contre-partie d'une pièce du Maître à la Ratière; Vénus et l'Amour portés sur des dauphins (324), par Marc de Ravenne, d'après un dessin de Raphaël; Jésus au Sépulcre, d'après Raphaël (7); les trois Grâces, d'après l'antique (20), ces deux pièces par J. Eneas Vicus; 4 pièces.

147 — La victoire de Scipion sur Syphax (73), épr. avant l'inscription, *sumptum...*, et ANT. LAFRERIE; Apollon et Daphné, deux pièces par le Maître au Dé, et une pièce d'après Pomerance.

148 — Statue de Laocoon, par Marc de Ravenne, Octave Farnèse, duc d'Urbin (498), attribué à *Raimondi*, etc.; 7 pièces.

149 — Buste d'Aristote, dessiné et gravé d'apr. l'antique, par *Eneas Vicus*, prem. épr. avant l'adresse de *Duchetti*; vase d'après l'antique par le même; diverses pièces copies de Marc-Antoine et ses élèves, statues antiques, etc.; 10 pièces.

150 — Le corps mort du Christ sur les genoux de la Vierge, d'apr. Michel-Ange, par Adam Mantuan, Hercule, le taureau Farnèse, par Diana Mantuan; statues du Nil et du Tibre par Beatrizet, etc.; 6 pièces.

151 — Bas-reliefs antiques grav. par Michel Luchèse et autres; le Christ au tombeau, d'apr. Manteigne; 6 pièces.

152 — Les divinités de la Fable, suite de 20 pièces gravées par Caraglio, édition de Carlo Losi, manquent les n°s 2, 14 et 17.

153 — Antiquités romaines; la plupart de ces morceaux gravés par *Ambr. Brambilla*, et publiés par Ant. Lafrery et Clau. Duchetti; 54 pièces.

154 — Statues, bustes, bas-reliefs, trophées et ornemens antiques gravés par différens maîtres de l'école d'Italie, et publiés par Ant. Lafrerie; 16 pièces, belles épr.

155 — Différentes vues des obélisques et fontaines de Rome, et villa Aldobrandini, etc., etc.; 59 pièces.

156 — Dix-sept pièces à l'eau-forte et au burin, par Schiavone, le Guide, Benedette, Enéas Vicus, le Maître au Dé, etc., etc.

157 — Sujets sacrés et profanes, bacchanales, paysages, etc.; 22 pièces gravées à l'eau-forte par Podesta, Farinati, Loli, P. Testa, Castiglione, Grimaldi, etc.; 2 lots.

158 — Différens paysages par Grimaldi, dit le Bolognèse; 19 pièces.

159 — Paysages par Anesi, Reggi et Vallegio, vases et figures diverses par Bossi, costumes romains et napolitains par Pinelli, etc.; 42 pièces.

160 — Soixante-huit pièces gravées à l'eau-forte, au burin et

en clair obscur par et d'après Andreani, Augustin Vénitien, Bellavia, Cantarini, Castiglione, les Carrache, della Bella, Fantetti, Mantuan, Maratti, Parmesan, Palme, E. Vicus, Villamena, et autres maîtres des diverses écoles d'Italie. Ce numéro sera divisé.

ÉCOLE ALLEMANDE.

161 — La Vierge tenant de la main droite l'Enfant-Jésus, qui est assis sur un coussin, et tient un perroquet de la main droite, morceau attribué au Maître de 1466; ecce homo, copie d'une estampe de Martin Shongauer, par un vieux maître. 2 pièces.

162 — Huit pièces, dont la Vierge couronnée par des anges, pièce datée de 1667; autres sujets par Altorfer, Beham, etc., etc.

163 — Vierge folle, copie d'une estampe de Martin Schongauer (*voyez Bartsch. vol. 6, page* 390), autres sujets par J. Aman, Urse Graf et autres vieux maîtres allemands; 7 pièces gravées sur cuivre et en bois.

164 — Portraits, paysages, animaux, gravés par Aldegerver, Beham, Hollard, Klengel, Loder, Milatz, Schenau, Schmidt et autres maîtres allemands; 23 pièces, 2 lots.

165 — Portraits et paysages dessinés et gravés à l'eau-forte par Dietzsch, Fratel, Hessilinck, Knorr, Meyer, Molitor, Nothnagel, Schatzell, Schultze, Stengel, Unbach, Weirotter et autres artistes allemands; 72 pièces. Ce numéro sera divisé.

166 — Les douze mois de l'année par Io Sibmacher, ornemens par Ditterlein; 14 pièces.

167 — Soixante-dix-huit pièces animaux, par Ridinger et autres.

ÉCOLE DES PAYS-BAS.

168 — Diverses feuilles d'ornemens gravés par A. Londersel; 37 pièces; plus quelques ornemens par divers maîtres, dont deux dessins, 6 pièces; en tout 43.

169 — Vingt-six pièces gravées par et d'après Goltzius, dont la suite de la Passion, en 12 pièces.

170 — Vingt-six pièces à l'eau-forte, dont saint Jean, notre Seigneur tenté par le Démon, petits paysages, 10 pièces par H. Swanevelt; différens navires par Sceman, 6 pièces; paysage par Waterloo, etc.

171 — Animaux gravés à l'eau-forte par C. Dujardin et Berghem, 22 pièces; cahier à la femme (41 à 48), et le pâtre, n° 51 de l'œuvre de C. Dujardin. 31 pièces.

172 — Cérémonies observées pour le couronnement de Guillaume III et Marie II, roi et reine de la Grande-Bretagne, par Romain de Hooghe; cavalcade faite en 1638 par les bourgeois d'Amsterdam, pour la réception de Marie de Médicis dans leur ville, d'après Molyn, par P. Nolpe, et suite de chevaux, par Pierre de Laer; en tout 9 pièces.

173 — Sujets sacrés et profanes, scènes familières, bambochades, caprices, paysages, etc., etc., gravés par S. Bottshilt, Q. Boël, Bargas, Bischop, P. Clowet, Fokke, R. de Hooghe, H. Hondius, Mozyn, J. Meissens, Rademaker, Saveri, J. de Wisscher et autres, la plupart sur leurs compositions, et d'après celles de Diepenbeke, Elzeimer, Fetti, Holbein, Pourbus, Palma, Poëlemburg, Rubens, le Titien et autres maîtres; 83 pièces. Ce numéro sera divisé.

174 — Sujets de tous genres, paysages, animaux, la plupart gravés à l'eau-forte par Berghem, Bega, Both, Cabel, Cort, Dietricy, Dolendo, Dussart, de Ghein, Lucas de Leyde, Rembrandt, Van Vliet, J. Wischer et autres maîtres de l'école des Pays-Bas. 75 pièces seront divisées sous ce numéro.

175 — Campagnes de Louis XIV en Flandres, gravées d'après Vander Meulen, par Baudouin, N. et R. Bonnart, Ertinger, Simonneau et autres graveurs ; 32 très-grandes pièces, belles épr.

176 — Portraits des principaux fondateurs et réformateurs religieux, par M. Van Lochon, 20 pièces ; paysages et sujets divers par de Ghein, Hans Bol, etc. ; 53 pièces.

ÉCOLE FRANÇAISE.

177 — Sujets du Nouveau Testament, le portrait de Brebiette, la bonne aventure, sujets mythologiques, bacchanales en forme de frises, etc. ; 31 pièces gravées à l'eau-forte par C. Vignon, P. Brebiette et La Fage, etc., etc.

178 — Cinquante-quatre pièces gravées à l'eau-forte par Boucher, Brebiette, Bourdon, Callot, Duflos, Lagrenée, Mauperché, Mariette, Perrier, Robert, Vignon, Watelet et autres maîtres français.

179 — Paysages et vues des faubourgs de Paris, par S. Leclerc ; 58 pièces.

180 — Vues de France et d'Italie par J. Silvestre, etc. ; 40 pièces gravées à l'eau-forte.

181 — Vues de divers châteaux royaux et paysages composés, dessinés et gravés par Les Pérelle ; 50 pièces ; belles épreuves.

182 — Sujets tirés de l'Ancien et du Nouveau Testament, de l'Histoire, de la Fable ; scènes de genre, paysages, etc., gravés par G. de St.-Aubin, A. Bosse, Baltard, Bergeret, Courtois, Camus, Fragonard, Ferdinand, Francisque, de la Ferté, Fabre, Gillot, La Hyre, Louterbourg, de Lavalle, L. et J.-B. Lesueur, Mellan, Parrocel, etc. ; 129 pièces. Ce numéro sera divisé.

183 — Sujets de tous genres et paysages, gravées à l'eau-forte par de Boissieu, Bourdon, Lebrun, Demarne, Dunouy, Fragonard, Manglard, Montaigne, etc ; 52 pièces : deux lots.

184 — Arabesques, ornemens, fontaines et fragmens d'architecture, dessinés et gravés à l'eau forte par Boulanger, Boucher, Delafosse, Legeay et Radel, 59 pièces.

185 — Paysages par Moreau, 12 pièces; 5e cahier de paysages, dessiné et gravé par Pérignon, épreuves d'eau forte pure; — Bacchanales par Delarue, etc.; 30 pièces.

186 — Sujets et paysages divers gravés à l'eau-forte par de Bizemont, Denon, de la Ferté, Watelet et autres amateurs français; 29 pièces.

187 — Architecture par Le Pôtre, et autres; 29 pièces.

188 — Portraits, vignettes, paysages, etc.; 98 pièces gravées par Charles Campion de Tersan.

189 — Diverses vues d'Italie et paysages composés; 18 pièces gravées à l'eau-forte par M. Dunouy.

190 — Histoire de l'Enfant Prodigue en 12 tableaux, tirée du Nouveau Testament; dessinée et gravée par Duplessi-Bertaux en 1815. *Paris*, Didot, 1816; in-4°, cart.

PORTRAITS.

191 — Portraits de H. Bachot, par Ch. Errard (voy. le P. G. F.); N. Van Haesten peint et gravé par lui-même. — Portraits du pape Clément X et de Gibert Voet, par J. J. Almeloveen, *inv. et fec.*; pièce rare. — Portraits par Lucas Vosterman et autres; 6 pièces.

192 — Portraits de savans et gens de lettres français, par des graveurs anciens et modernes. — Dix portraits, dont Berterius par Edelinck; autres personnages par Clowet, Olivier Gatti, J. Falk, etc., etc.

193 — Cent deux portraits de personnages de tous états, français et étrangers, par différens graveurs; plusieurs rares.

194 — Portraits en pied de Charles-Quint, du duc d'Alençon, des ducs de Bourgogne, princes de Nassau et autres person-

nages historiques, gravés par C. et K. Van Sichem; 18 pièces in-4°.

195 — Image de divers hommes d'esprit sublime, qui par leur art et leur science devraient vivre éternellement..., etc.; à *Anvers*; mis en lumière par Jean Meyssens, 1649; un volume in-8° v. rac., contenant 94 portraits d'après divers maîtres, par Hollard Pontius, P. de Jode et autres; belles épreuves.

196 — Effigie naturali de i maggior principi et piu valorosi capitani... *Roma*, Andrea Vaccario, 1559, un vol. in-4° br.; 58 portr.

197 — Images des héros et des grands hommes de l'antiquité, par Jean-Ange Canini, et gravées par Et. Picart, dit le Romain; *Amsterdam*, 1731, un vol. in-4°, v. br., fig. (110).

198 — Theatrum, pontificum, imperatorum, regum, ducum, principum, etc., pace et bello illustrium, Antuerpiæ, Petrum de Jode, un vol. in-8° br.; 83 portraits par P. de Jode et autres.

OEUVRES, RECUEILS,
ET OUVRAGES SUR LES ARTS.

199 — Serie di LXXXV disegni dal Salvator Rosa, *in Roma*, 1780, un vol. in-fol. cart.

200 — OEuvre de Dietrich, peintre, à Nuremberg, chez Frauenholz, 82 pièces gravées à l'eau forte, un vol. in-fol. cart.

201 — OEuvres de Leprince, 162 pièces; un vol in-fol. cart.

202 — Recueils de Griffonnis, par l'abbé de St.-Non; un vol. in-fol. cart.

204 — OEuvres de Weirotter, deux cents paysages dessinés et gravés à l'eau forte par lui-même; *Paris*, Basan, un vol. in-fol. demi-rel.

205 — Dei veri ritratti degl' habiti di tutte le parti del mondo

intagliati in rame per opera di Bartolomeo Grassi Romano; *in Roma*, 1585, un vol. in-4° obl. br.; 47 fig.

206 — Habiti antichi e moderni da Cesare Vecellio; 5o costumes, pièces gravées sur bois.

207 — Documenti d'amore di M. Francesco Barberino; *in Roma*, 1640, un vol. in-4° parchemin; fig. gravées d'ap. divers maîtres par Bloemaert.

208 — Œuvre de la diversité des termes dont on vse en architecture, par H. Sambin, à Lyon, par Iean Dvrant, 1752, un cah. in-fol., fig. en bois.

209 — Architectvre ov art de bien bastir, de Marc Vitruue Pollion, autheur Romain antique; *Paris*, 1572, un vol petit in-fol., parchemin, fig. en bois.

210 — Développement des cinq ordres d'architecture; *Paris* mondhare, un cah. in-4° br.

211 — Rome antique par Sadeler, 5o pl.; plan de Rome antique en 6 f., arcs-de-triomphe, obélisques et vues de Rome par Israël Silvestre, etc., le tout réuni en un vol. in-fol. obl., veau brun.

212 — Médailles des règnes de Louis XIV et de Louis XV; 2 vol. in-4°, v. br.

213 — Cl. Ptolemaei Alexandrini, Geographiæ libri octo, per Gerardum Mercatorem; un vol. in-fol., fig., demi-rel.

214 — Costumes napolitains dessinés et gravés à l'eau-forte en 1773, par Fabri, anglais; plus trois pièces historiques sur l'Histoire d'Angleterre; 14 pièces.

215 — Environ cent dessins anciens par et d'après différens maîtres, quelques portraits et plusieurs paysages seront divisés sous ce numéro.

216 — Des portefeuilles et volumes de papier blanc seront vendus sous ce numéro.

217 — Sous ce numéro seront vendus les articles omis.

www.ingramcontent.com/pod-product-compliance
Lightning Source LLC
Chambersburg PA
CBHW060906050426
42453CB00010B/1581